Die Schulranzenbibel
Gleichnisse Jesu

erzählt von Horst Heinemann
mit Bildern von Gabriele Hafermaas

wortimbild

Vom verlorenen Sohn

Ein Vater hatte zwei Söhne. Da sagte der Jüngste: „Vater, gib mir mein Erbe. Ich will in die Welt ziehen und mein Glück machen."
Doch schnell hatte er sein Geld durchgebracht. Er musste Schweine hüten und auch ihr Futter essen. Da dachte er: „Ich will zu meinem Vater gehen und bekennen: Vater ich habe gegen den Himmel und gegen dich gesündigt. Ich bin nicht wert, dein Sohn zu sein. Lass mich als dein Knecht arbeiten."
Als sein Vater ihn aber kommen sah, lief er ihm entgegen, umarmte und küsste ihn und ließ ein Fest ausrichten. Alle sollten feiern und fröhlich sein.

Sein Bruder hörte das voll Zorn: „Vater", beschwerte er sich, „ich habe die ganze Zeit für dich gearbeitet. Für mich aber hast du nie ein Fest gefeiert!" „Mein Junge", erwiderte der Vater, „du warst immer bei mir. Was mir gehört, gehört auch dir. Sei doch fröhlich und feiere mit mir. Dein Bruder war verloren. Jetzt haben wir ihn wieder gefunden."

Lukas 15

Der reiche Kornbauer

„Niemand lebt davon, dass er viel Geld hat!",
sagte Jesus und erzählte eine Geschichte:

Ein reicher Bauer hatte eine gute Ernte. Was soll ich nur machen?, dachte er. Ich habe nicht genug Speicher, um die Ernte zu lagern. Ich werde die alten Scheunen abreißen und neue bauen lassen, um meine Vorräte sicher aufzubewahren. Wenn das geschafft ist, kann ich mir Ruhe gönnen. Der Gewinn wird viele Jahre reichen. Ich werde essen und trinken und es mir gut gehen lassen. Was kann mir jetzt noch passieren?

Aber Gott sprach zu ihm: Du Narr! Diese Nacht wirst du sterben. Wem gehört dann all das, was du zusammengerafft hast?

„So wird es jedem ergehen", sagte Jesus, „der nur darauf aus ist, Geld und Vermögen zusammen zu raffen und nicht reich bei Gott ist."

Lukas 12

Der barmherzige Samariter

„Was muss ich tun, um in den Himmel zu kommen?", fragte ein Zuhörer. Jesus antwortete: „Was steht in der Bibel?" - „Du sollst Gott lieben und deinen Nächsten wie dich selbst!", antwortete der Mann. „Aber wer ist denn mein Nächster?", wollte er wissen. Als Antwort erzählte Jesus ihm eine Geschichte:

„Ein Mann fiel unter die Räuber. Die schlugen ihn halb tot und ließen ihn liegen. Da kam ein Priester vorbei. Der schaute weg. Er hatte es eilig. Auch ein Tempeldiener ging vorüber, ohne zu helfen. Ein Samariter aber unterbrach seine Reise. Er verband den Verwundeten. Dann brachte er ihn in eine Herberge und zahlte sogar für seine Pflege. Wer von den dreien war dem Überfallenen der Nächste?", fragte Jesus.

„Der, der ihm geholfen hat", antwortete der Zuhörer.

„Ja", sagte Jesus, „du hast Recht. Geh und handele auch so!"

Lukas 10

Vom verlorenen Schaf

„Warum kümmert sich Jesus gerade um Menschen, die vom richtigen Weg abgekommen sind?", ärgerten sich die, die sich für besser hielten. Ihnen erzählte Jesus eine Geschichte:

Ein Hirte hatte neunundneunzig Schafe. Eines Tages ging ein kleines Schaf verloren. Was sollte der Hirte tun? Sicher war das Schaf vom richtigen Weg abgekommen und irrte jetzt ganz allein durch die Wüste. Sollte er es suchen? War es nicht zu gefährlich, die ganze Herde allein zu lassen? Überall lauerten Wölfe und andere wilde Tiere. Der gute Hirte überlegte nicht lange. Er machte sich auf die Suche nach dem verlorenen Schaf. Als er es schließlich gefunden hatte, trug er es auf seinen Armen zurück. „Freut euch mit mir", rief er allen zu. „Ich habe das Schaf, das verloren war, wieder gefunden!" - So ist es auch im Himmel, schloss Jesus seine Geschichte. Da ist mehr Freude über einen Verlorenen, der zurückfindet, als über solche, die sich für besser als die anderen halten.

Lukas 15

Zachäus

Zachäus trieb als Zöllner Steuern für den römischen Kaiser ein. Oft nahm er mehr, als vorgeschrieben war. So wurde er reich. Aber keiner konnte ihn leiden.
Als Jesus nach Jericho kam, wollte Zachäus ihn gerne sehen. Aber Zachäus war klein und niemand machte ihm Platz. Da kletterte er auf einen Baum, um Jesus zu sehen.
„Zachäus, komm herunter!", rief Jesus, als er Zachäus oben im Baum sitzen sah. „Heute will ich dein Gast sein."
Da ärgerten sich viele: „Warum geht Jesus gerade zu diesem Halsabschneider?"
Zachäus aber nahm Jesus mit Freude auf. Weil er sich ändern wollte versprach er: „Wenn ich jemanden betrogen habe, will ich es ihm mehrfach zurückgeben!"
Da sagte Jesus: „Heute ist ein glücklicher Tag für dich, Zachäus. Ich bin gekommen, zu suchen und selig zu machen, was verloren ist!"
Lukas 19
(Diese Geschichte ist zwar kein Gleichnis Jesu, erzählt aber beispielhaft, wie Jesus Vergebung und neues Leben schenkte.)

Best.Nr. 878.443
Die Schulranzenbibel
Diese Bild-Text-Bibel gehört in jeden Schulranzen und in jedes Kinderzimmer. Kindgerechte Bilder von Gabriele Hafermaas, dazu kurze Bibelgeschichten von Horst Heinemann. Hardcover, 60 Seiten, 19x19 cm, vierfarbig.
9,75 €